AF289435

Impressum
Verlag: BABADADA GmbH, Nedderfeld 112 , 22529 Hamburg
Geschäftsführer / Verlagsleitung: Harald Hof
Druck: Books on Demand GmbH, In de Tarpen 42, 22848 Norderstedt

Imprint
Publisher: BABADADA GmbH, Nedderfeld 112 , 22529 Hamburg, Germany
Managing Director / Publishing direction: Harald Hof
Print: Books on Demand GmbH, In de Tarpen 42, 22848 Norderstedt

shule

мәктәп

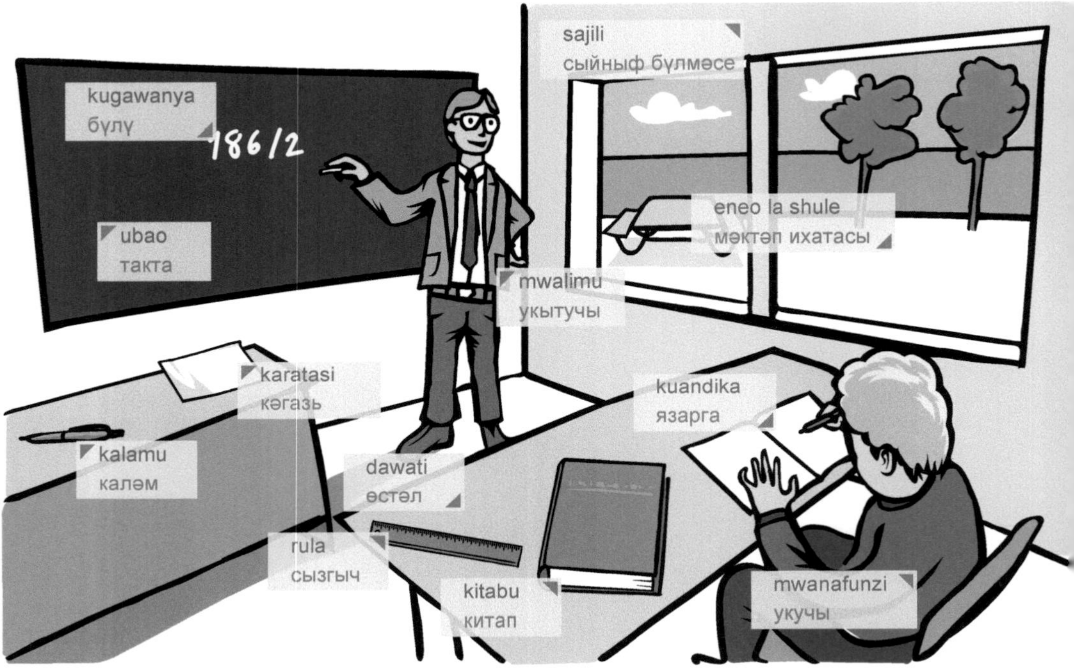

sajili
сыйныф бүлмәсе
kugawanya
бүлү
186/2
eneo la shule
мәктәп ихатасы
ubao
такта
mwalimu
укытучы
karatasi
кәгазь
kuandika
язарга
kalamu
каләм
dawati
өстәл
rula
сызгыч
kitabu
китап
mwanafunzi
укучы

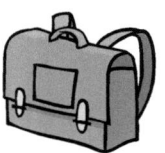

mkoba

букча

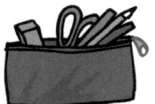

kikasha cha penseli

каләмдан

penseli

карандаш

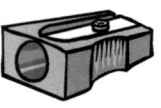

kichonga penseli

каләм очлагыч

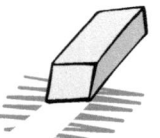

mpira

бетергеч

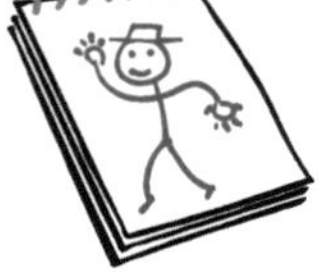

pedi ya kuchora

рәсем дәфтәре

uchoraji

рәсем

brashi ya rangi

пумала

sanduku la rangi

буяулар тартмасы

mkasi

кайчы

gundi

җилем

daftari

дәфтәр

kazi ya nyumbani

өй эше

nambari

сан

jumlisha

кушу

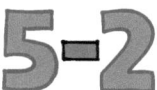

ondoa

алу

zid sha

тапкырлау

kokotoa

исәпләү

barua

хәреф

alfabeti

әлифба

neno

сүз

maandishi

текст

kusoma

укырга

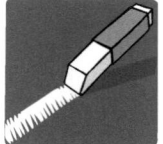

chaki

акбур

somo

дәрес

sajili

сыйныф журналы

uchunguzi

имтихан

cheti

сертификат

sare za shule

мәктәп формасы

elimu

мәгариф

elezo

энциклопедия

chuo kikuu

университет

darubini

микроскоп

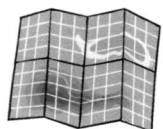

ramani

харита

kikapu cha kuweka karatasi
chafu

чүп кәгазь чиләге

usafiri

сәяхәт

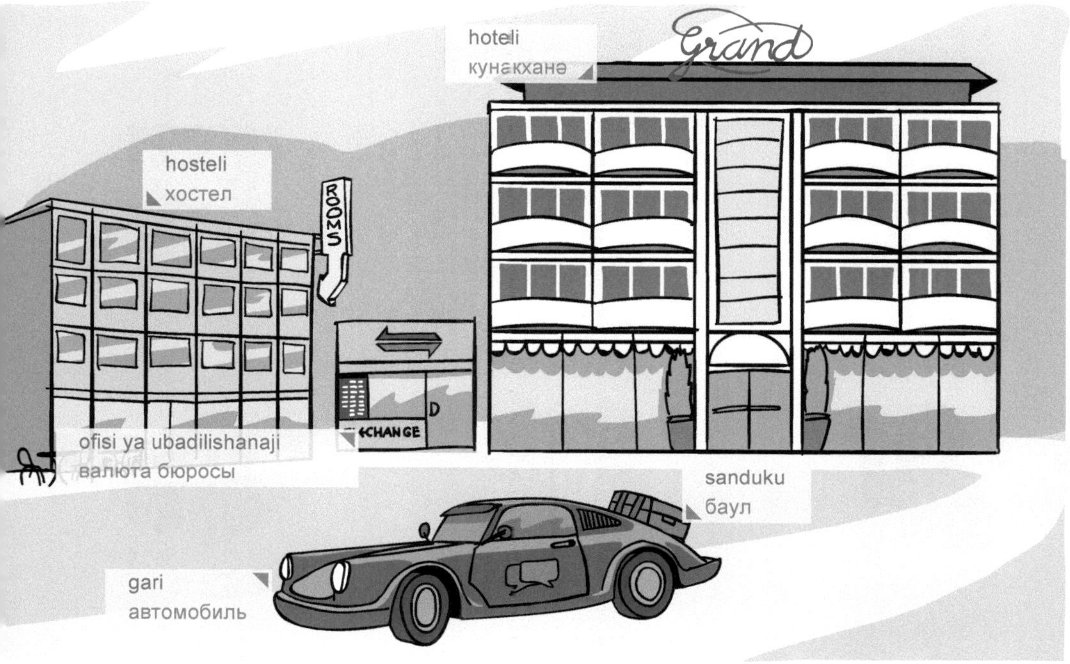
hoteli
кунакханә
Grand
hosteli
хостел
ROOMS
ofisi ya ubadilishanaji
валюта бюросы
EXCHANGE
sanduku
баул
gari
автомобиль

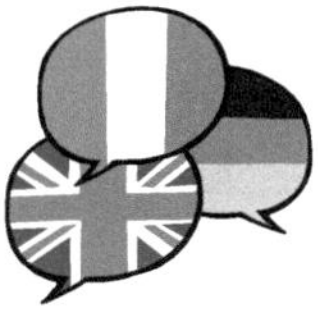

lugha

тел

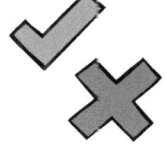

ndiyo / la

әйе / юк

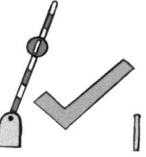

sawa

ярар

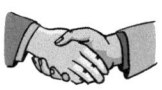

hujambo

исәнмесез

mtafsiri

тәрҗемәче

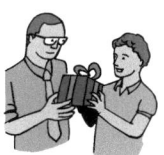

Asante

Рәхмәт

kiasi gani ni ...?

... күпме тора?

Sielewi

мин аңламыйм

tatizo

проблем

Jioni njema!

Хәерле кич!

Habari za asubuhi!

Хәерле иртә!

Usiku mwema!

Тыныч йокы!

kwa heri

сау булыгыз

mwelekeo

юнәлеш

mizigo

багаж

mfuko

букча

shanta

биштәр

mgeni

кунак

chumba

бүлмә

begi la kulalia

йокы капчыгы

hema

чатыр

taarifa ya utalii

турист мәгълуматы

ufuo

комсал

kadi

кредит кәрте

kifunguakinywa

иртәнге аш

chakula cha mchana

төшлек

chakula cha jioni

кичке аш

tiketi

билет

kuinua

лифт

muhuri

марка

mpaka

чик

mila

тамгаханә

ubalozi

илчелек

visa

виза

pasipoti

паспорт

usafiri - сәяхәт

7

usafiri

транспорт

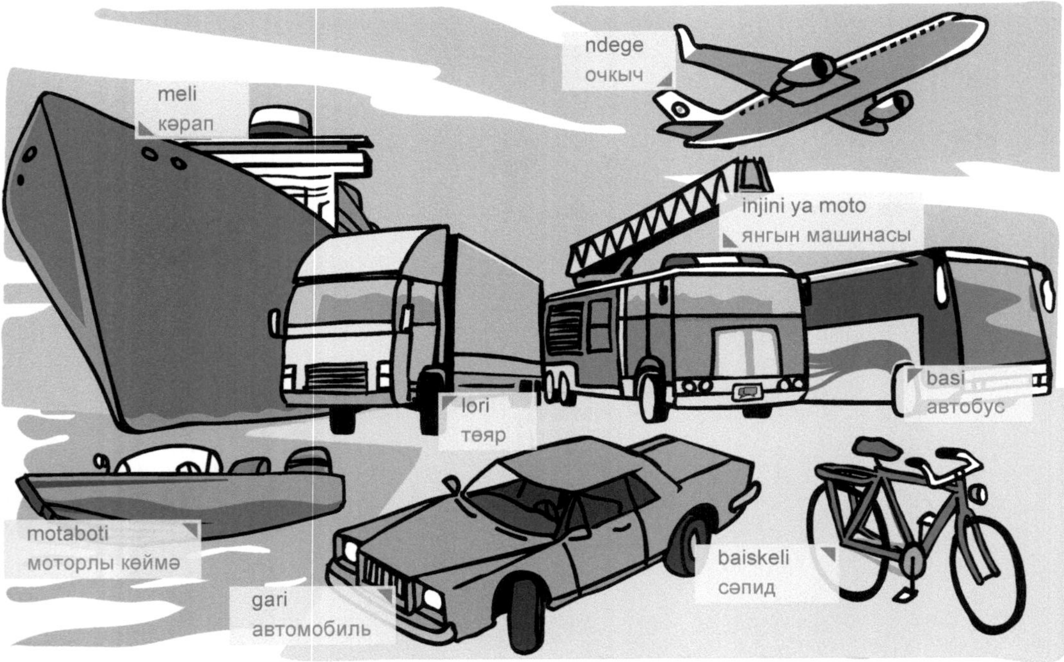

ndege
очкыч
meli
кәрап
injini ya moto
янгын машинасы
lori
төяр
basi
автобус
motaboti
моторлы көймә
baiskeli
сәпид
gari
автомобиль

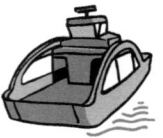

feri

борам

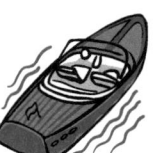

mashua

көймә

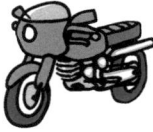

pikipiki

мотоцикл

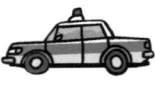

gari la polisi

полиция машинасы

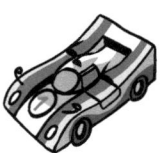

gari la mashindano

узыш машинасы

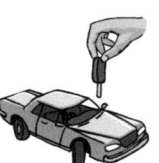

gari la kukodisha

киралык машина

kushiriki gari

каршеринг

lori la kuvuta

тартучы

ukusanyaji taka

чүп төяре

motor

мотор

mafuta

ягулык

kituo cha mafuta

бензинлек

ishara trafiki

трафик билгесе

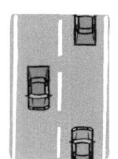

trafiki

хәрәкәт

msongamano

бөке

maegesho

паркинг

kituo cha treni

вокзал

reli

рельс

garimoshi

поезд

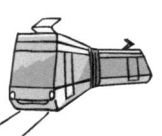

tremu

трамвай

gari la mizigo

вагон

helikopta

боралак

uwanja wa ndege

һава аланы

mnara

манара

abiria

юлчы

chombo

контейнер

katoni

алап

mkokoteni

йөк арбасы

kikapu

сәбәт

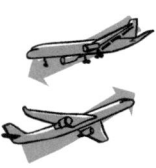

ondoka

калку / төшу

jiji

шәһәр

kijiji

авыл

katikati ya jiji

шәһәр үзәге

nyumba

йорт

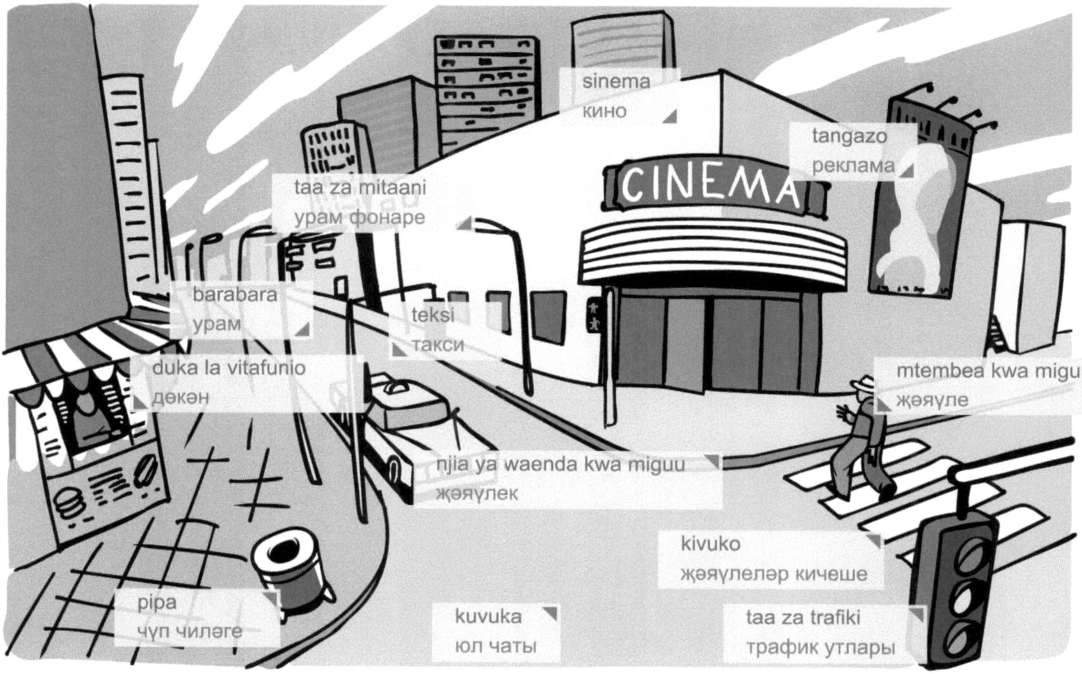
sinema
кино
CINEMA
tangazo
реклама
taa za mitaani
урам фонаре
barabara
урам
teksi
такси
duka la vitafunio
дөкән
mtembea kwa migu
җәяүле
njia ya waenda kwa miguu
җәяүлек
kivuko
җәяүлеләр кичеше
pipa
чүп чиләге
kuvuka
юл чаты
taa za trafiki
трафик утлары

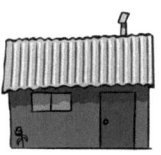

kibanda

алачык

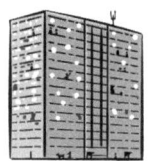

gorofa

фатир

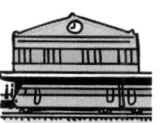

kituo cha treni

вокзал

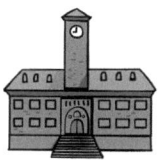

ukumbi wa mji

шәһәр хакимияте

MUSEUM

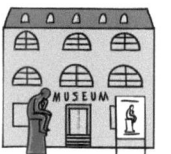

Makavazi

ядкәрханә

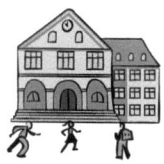

shule

мәктәп

chuo kikuu

университет

benki

банк

hospitali

хастаханә

hoteli

кунакханә

duka la dawa

даруханә

ofisi

офис

duka la kitabu

китап кибете

duka

кибет

duka la maua

чәчәк кибете

dukakuu

супермаркет

soko

базар

idara ya kuhifadhi

зур кибет

mwuza samaki

балык кибете

kituo cha ununuzi

сәүдә үзәге

bandari

лиман

Hifadhi

парк

benki

эскэмия

daraja

күпер

vidato

баскыч

chini ya ardhi

метро

handaki

тоннель

kituo cha mabasi

автобус тукталышы

ba-

бар

mgahawa

ресторан

sanduku la posta

ямыл тартмасы

ishara ya barabara

урам билгесе

mita ya maegesho

паркинг санагычы

bustani ya wanyama

хайван бакчасы

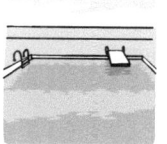

kidimbwi cha kuogelea

хәвезхәнә

msikiti

мәчет

shamba

ферма

uchafuzi

керлелек

makaburini

зират

kanisa

чиркәу

uwanja wa michezo

уен аланы

hekalu

гыйбадәтханә

mazingira

тирә-юнь

jani
яфрак

ishara ya mwelekeo
юл күрсәткече

njia
юл

malisho
болын

jiwe
таш

mti
агач

mtembeaji wa masafa
йөрешче

mto
елга

nyasi
үлән

ua
чәчәк

bonde

үзән

kilima

калкулык

ziwa

күл

msitu

урман

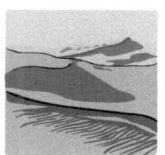

jangwa

сүл

volkano

янартау

ngome

ныгытма

upinde wa mvua

салават күпере

uyoga

гөмбә

mtende

пальма

mbu

черки

kuruka

чебен

chungu

кырмыска

nyuki

бал корты

buibui

үрмәкүч

mende

коңгыз

chura

бака

kuchakuro

тиен

nungunungu

керпе

sungura

куян

bundi

ябалак

ndege

кош

swan

аккош

nguruwe mwitu

кабан дуңгызы

kulungu

болан

aina ya kongoni

пошый

bwawa

туан

tabo ya upepo

җир турбины

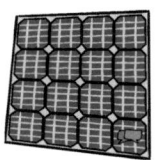

nishaji ya jua

кояш панеле

hali ya hewa

икълим

mgahawa
ресторан

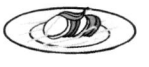

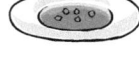

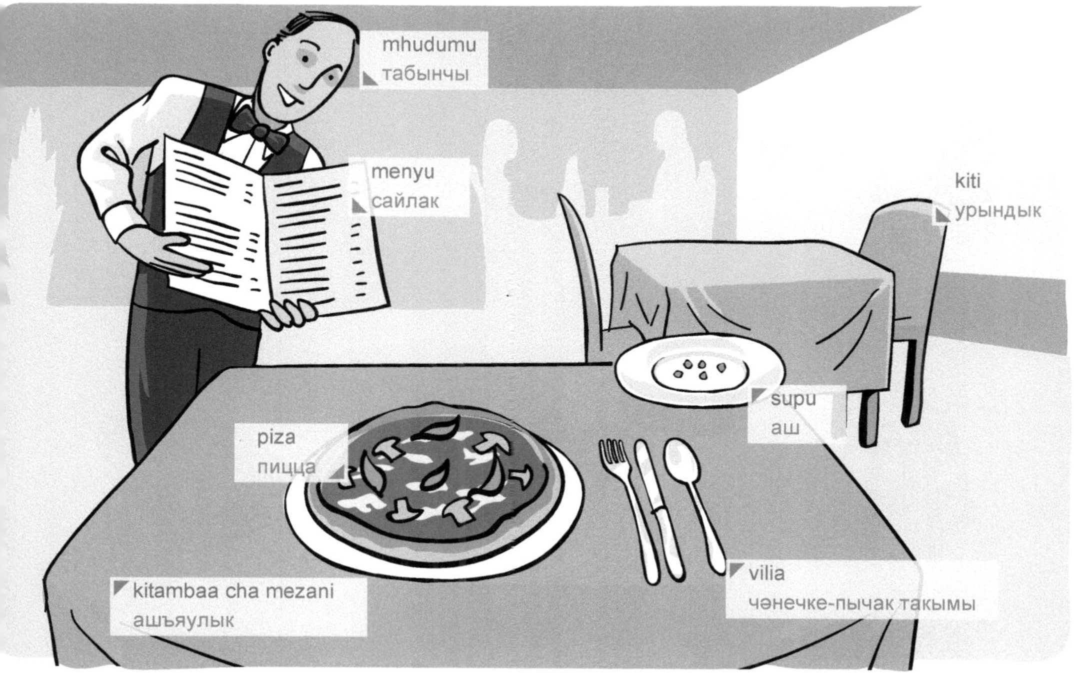
mhudumu
табынчы
menyu
сайлак
kiti
урындык
supu
аш
piza
пицца
kitambaa cha mezani
ашъяулык
vilia
чәнечке-пычак такымы

kiamsha hamu

кабымлык

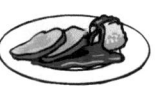

kozi kuu

төп ашамлык

kitindamlo

татлы

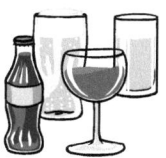

vinywaji

эчемлекләр

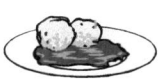

chakula

азык

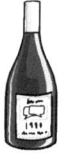

chupa

шешә

chakula cha haraka

фастфуд

Streetfood

урам ризыгы

buli

чәйгүн

kisanduku cha sukari

шикәр савыты

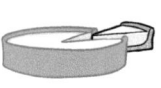

sehemu

салым

mashine ya espresso

эспрессо машины

kiti kirefu

биек урындык

muswada

хисап

trei

төгер

kisu

пычак

uma

чәнечке

kijiko

кашык

kijiko cha chai

чәй кашыгы

nepi

тастымал

glasi

тустаган

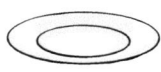

sahani

табак

sahani ya supu

аш табагы

sufuria

җәйпәк

mchuzi

соус

kichanyaji chumvi

тоз савыты

kinu cha pilipili

борыч тегермәне

siki

серкә

mafuta

сыек май

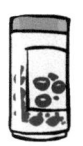

viungo

тәмләткеч

kechapu

кетчуп

haradali

хәрдәл

kachumbari nzito

майонез

dukakuu
супермаркет

ofa maalum
махсус тәкъдим
FOR
mteja
сатып алучы
maziwa
сөт эшләнмәләре
matunda
җимеш
toroli
кибет арбасы

BUTCHERS

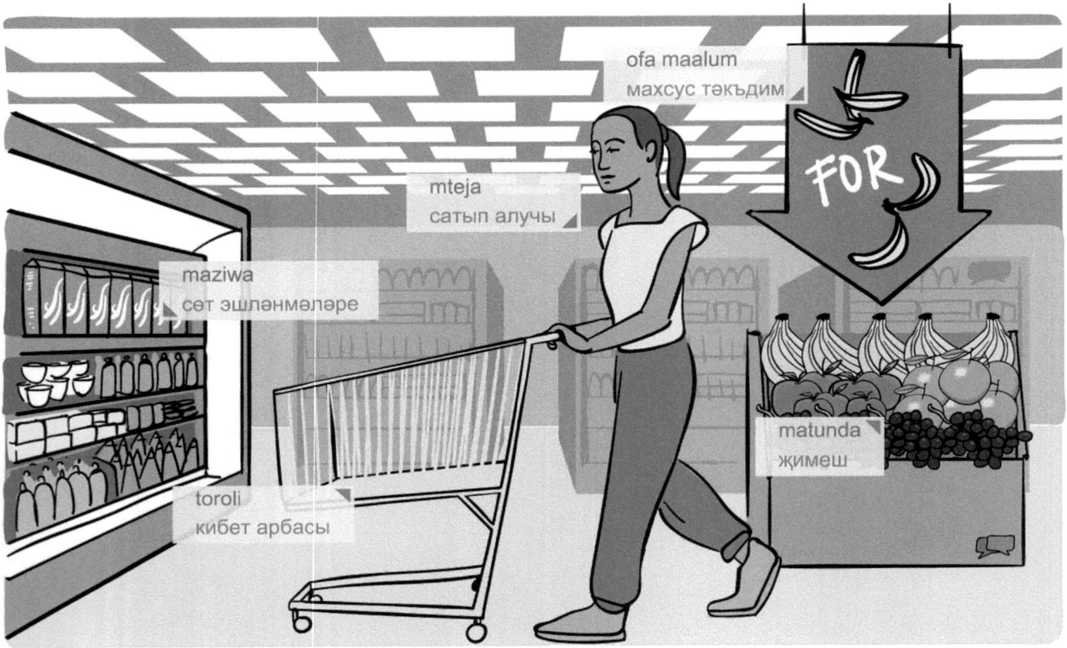

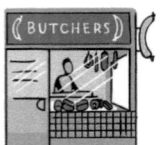

mchinjaji

ит кибете

BAKERY

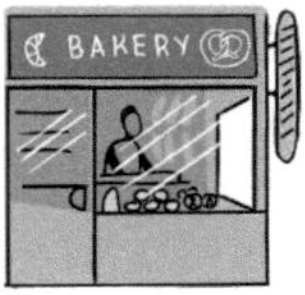

mwokaji

икмәкханә

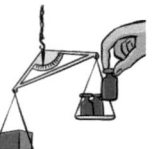

uzito

үлчәү

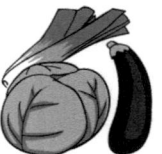

mboga

яшелчә

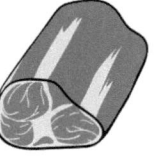

nyama

ит

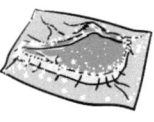

chakula waliohifadhiwa

туңдырылган ашамлыклар

vipande vya nyama baridi

суык ит

chakula cha kopo

кәнсирләнгән ашамлык

sabuni ya unga

кер юу порошогы

pipi

шикәрләмәләр

bidhaa za kaya

өй эшләнмәләре

bidhaa za kusafisha

тәмизлек эшләнмәләре

mtu mauzo

сатучы

mpaka

язучы касса

keshia

кассир

orodha ya manunuzi

сатып алу исемлеге

masaa ya ufunguzi

эш вакыты

mkoba

калта

kadi

кредит кәрте

mfuko

букча

mfuko wa plastiki

пластик капчык

maji

су

sharubati

сут

maziwa

сөт

coke

кола

mvinyo

шәраб

bia

сыра

pombe

хәмер

kakao

какао

chai

чәй

kahawa

каһвә

spreso

эспрессо

kapuchino

капучино

ndizi

банан

tufaha

алма

machungwa

әфлисун

tikiti

карбыз

lemon

лимон

karoti

кишер

kitunguu saumu

сарымсак

mianzi

бамбук

kitunguu

суган

uyoga

гөмбә

karanga

чикләвекләр

nudo

токмач

spageti

спагетти

mpunga

дөге

saladi

салат

vibanzi

чипсы

viazi vya kukaanga

кыздырылган бәрәңге

piza

пицца

hambaga

гамбургер

sandwichi

сэндвич

kipande

кәтлит

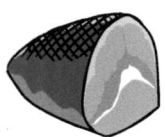

paja la mnyama

ветчина

salami

салями

soseji

сосиска

kuku

тавык

choma

кыздырма

samaki

балык

oats ya uji

солы измәсе

muɛsli

мюсли

cornflakes

мәккәй кетердеге

unga

он

kroisanti

круассан

andazi

ипи түгәрәге

mkate

икмәк

mkate wa kubanika

тост

biskuti

кәтәрмәч

siagi

май

maziwa mgando

эремчек

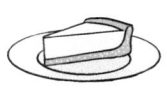

keki

кейк

yai

йомырка

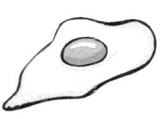

yai kukaanga

тәбә

jibini

сыр

aiskrimu

туңдырма

sukari

шикәр

asali

бал

jemu

кайнатма

kuenea kwa chokoleti

шоколад измәсе

mchuzi wa viungo

карри

shamba

ферма

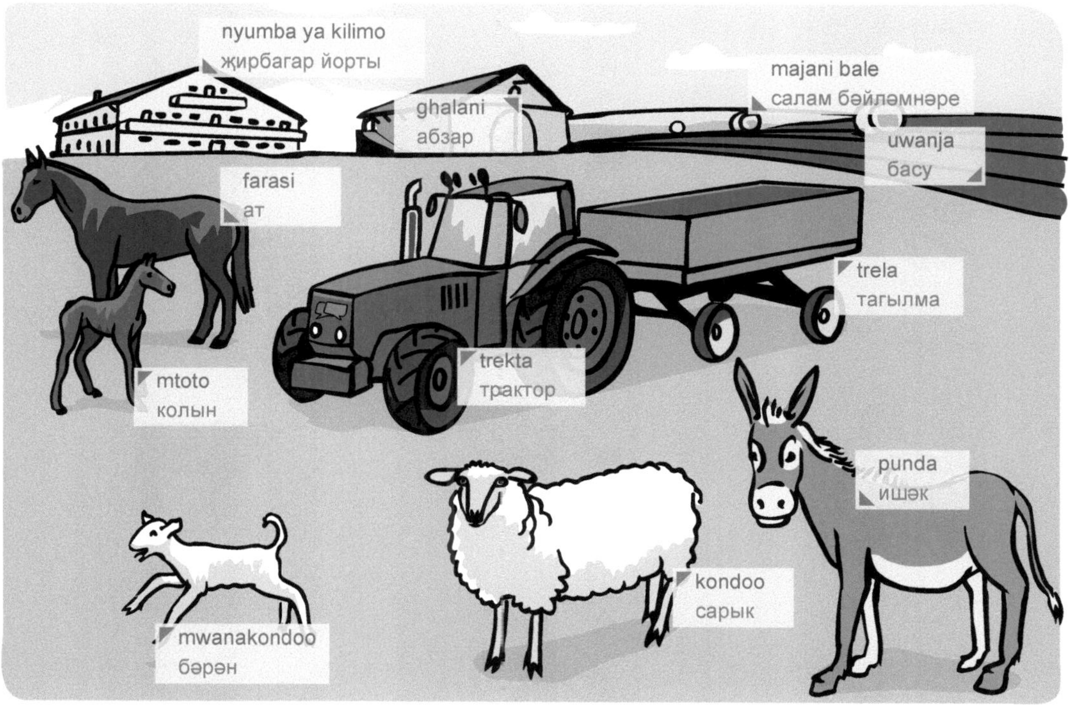
nyumba ya kilimo
җирбагар йорты
ghalani
абзар
majani bale
салам бәйләмнәре
uwanja
басу
farasi
ат
trela
тагылма
mtoto
колын
trekta
трактор
punda
ишәк
kondoo
сарык
mwanakondoo
бәрән

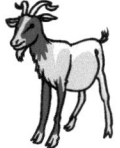

mbuzi

кәҗә

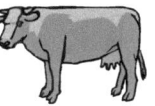

ng'ombe

сыер

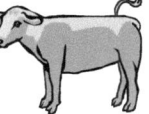

ndama

бозау

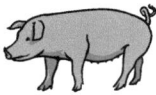

nguruwe

дуңгыз

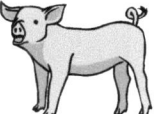

mwananguruwe

дуңгыз баласы

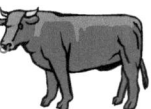

fahali

үгез

batabukini

каз

bata

үрдәк

kifaranga

чеби

kuku

тавык

jogoo

әтәч

panya

күсе

paka

песи

panya

тычкан

ng'ombe

эш үгезе

mbwa

эт

nyumba ya mbwa

эт оясы

bomba la bustani

бакча хортумы

debe la kumwagilia maji

сусипкеч

fyekeo

чалгы

kulima

сабан

28   shamba - ферма

mundu

урак

jembe

китмән

uma wa nyasi

сәнәк

shoka

балта

toroli

кул арбасы

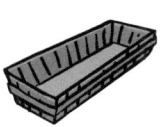

kupitia nyimbo

тагарак

chombo cha maziwa

сөт чиләге

gunia

капчык

ua

койма

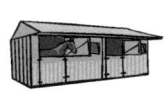

imara

абзар

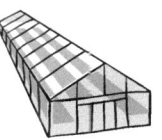

chafu

эссеханә

udongo

туфрак

mbegu

орлык

mbolea

ашлама

kivunaji

комбайн

mavuno

уңыш җыярга

mavuno

уңыш

viazi vikuu

ям

ngano

бодай

soya

соя

viazi

бәрәңге

mahindi

мәккәй

rapa

рапс

mti wa matunda

җимеш агачы

muhogo

маниок

nafaka

бөртеклеләр

nyumba

йорт

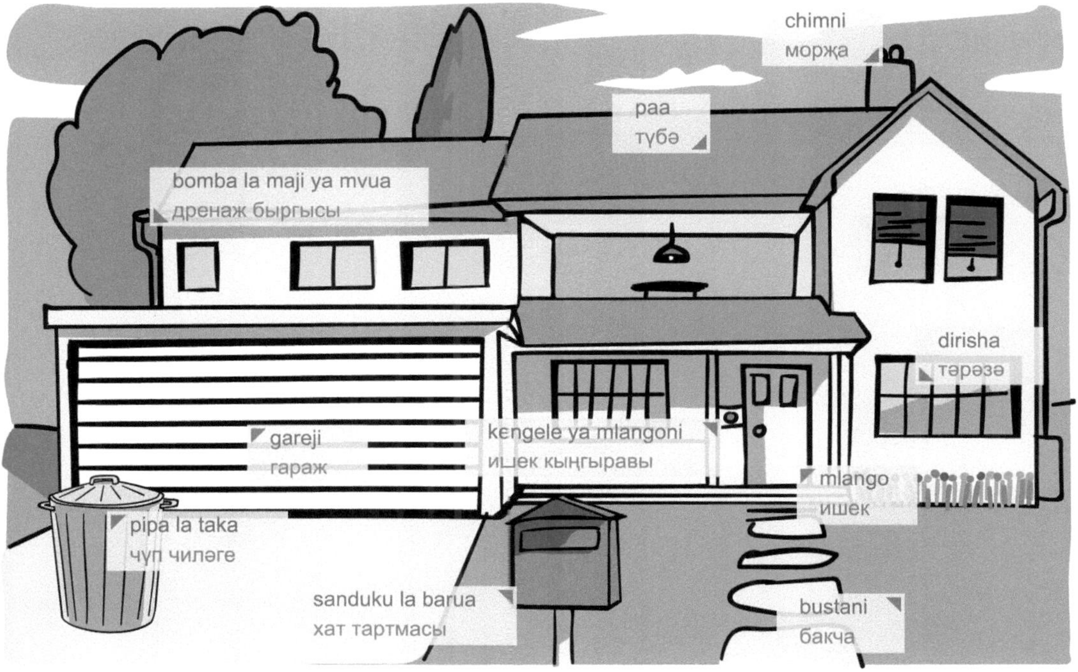

chimni
моржа
paa
түбә
bomba la maji ya mvua
дренаж быргысы
dirisha
тәрәзә
gareji
гараж
kengele ya mlangoni
ишек кыңгыравы
mlango
ишек
pipa la taka
чүп чиләге
sanduku la barua
хат тартмасы
bustani
бакча

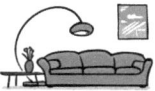

sebuleni

кунак бүлмәсе

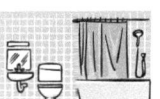

bafu

юыну бүлмәсе

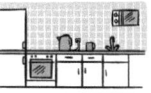

jikoni

аш бүлмәсе

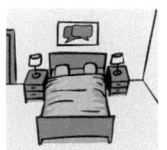

chumba cha kulala

ятак бүлмәсе

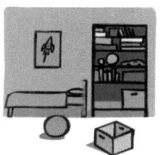

chumba ya mtoto

бала бүлмәсе

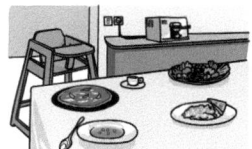

chumba cha kulia

аш бүлмәсе

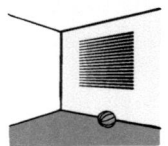

sakafu

идән

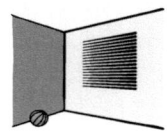

ukuta

дивар

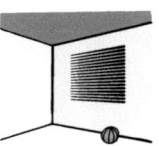

dari

түшәм

pishi

түлә

sauna

сауна

roshani

балкон

mtaro

терраса

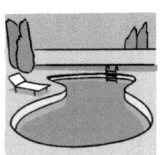

kidimbwi

хәвез

mashine ya kukata nyasi

чирәмчапкыч

karatasi

җәймә

kitambaa cha kupamba kitanda

ятак япмасы

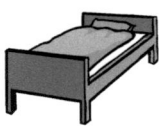

kitanda

ятак

ufagio

себерке

ndoo

чиләк

kubadili

өзгеч

sebuleni

кунак бүлмәсе

mandhari
дивар кәгазе
picha
räsem
taa
лампа
rafu
киштә
kabati
дулап
televisheni/runinga
телевизия
mekoni
чуал
ua
чәчәк
mto
мендәр
sofa
диван
chombo cha maua
нәлбәк
kitenzambali
ерактан боерма

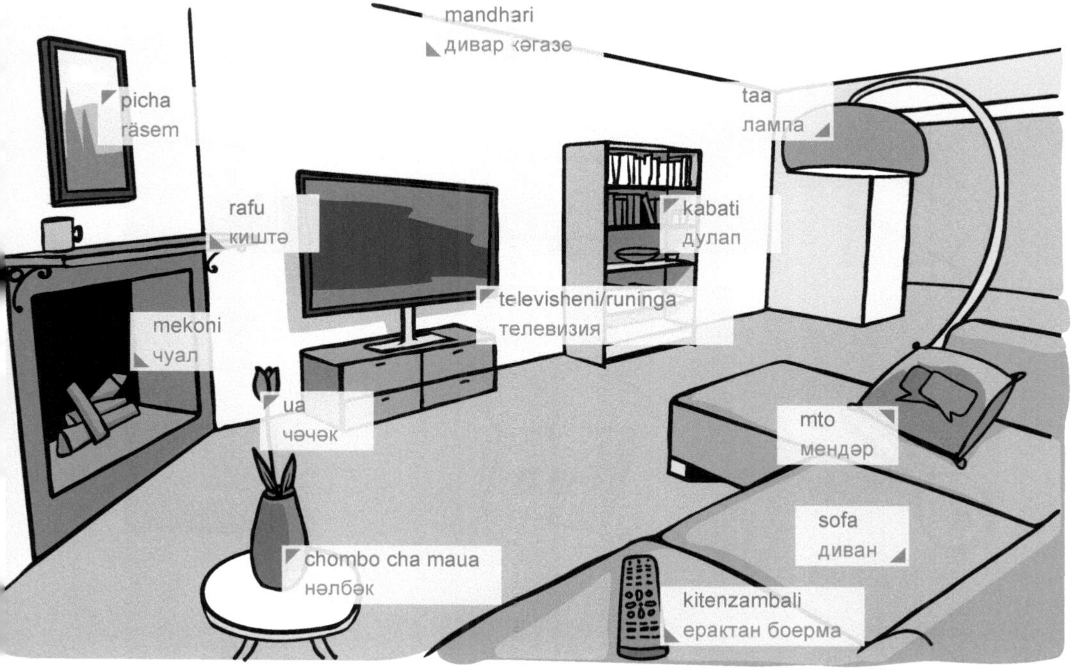

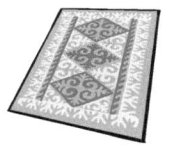

zulia

келәм

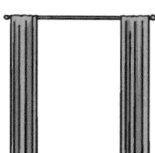

pazia

пәрдә

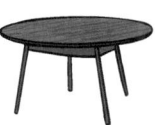

meza

өстәл

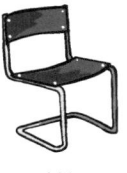

kiti

урындык

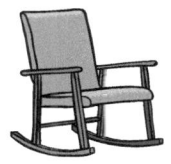

kiti cha bembea

тирбәлмә урындык

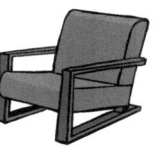

armchair

кәнәфи

kitabu

китап

blanketi

япма

mapambo

декор

kuni

утын

filamu

фильм

kifaa cha hi-fi

hi-fi

ufunguo

ачкыч

gazeti

гәҗит

uchoraji

сурәт

bango

постер

redio

радио

daftari

куен дәфтәре

kifyonza

тузансуыргыч

dungusi kakati

кактус

mshumaa

шәм

jikoni
аш бүлмәсе

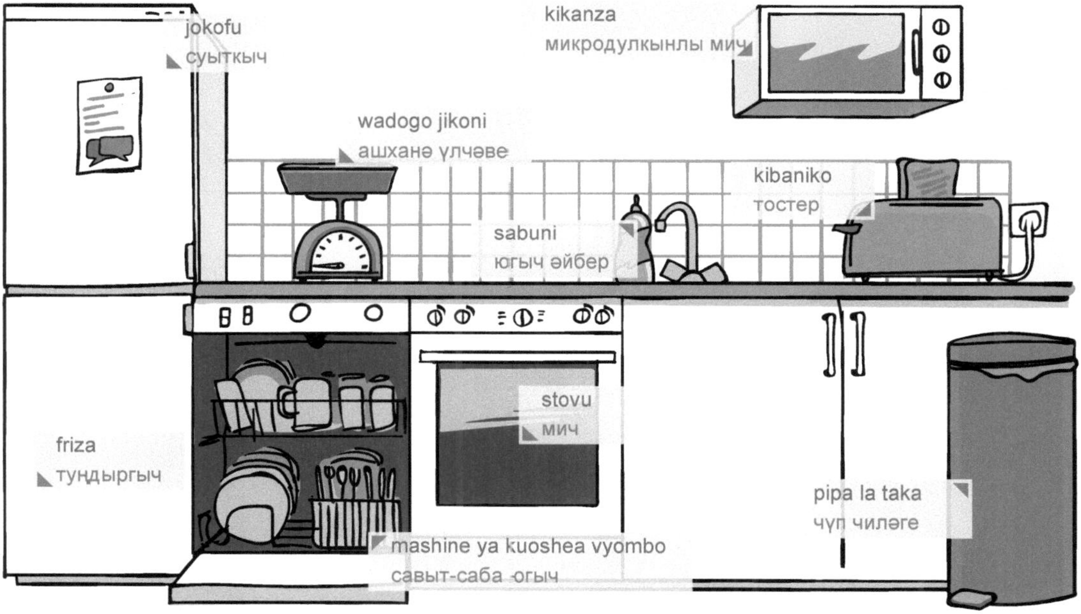
jokofu
суыткыч
kikanza
микродулкынлы мич
wadogo jikoni
ашханә үлчәве
kibaniko
тостер
sabuni
югыч әйбер
stovu
мич
friza
туңдыргыч
pipa la taka
чүп чиләге
mashine ya kuoshea vyombo
савыт-саба огыч

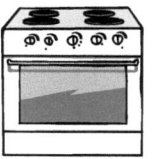

jiko la kupika

әүсәк

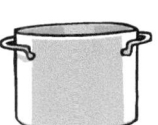

chungu

саган

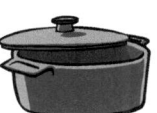

sufuria ya chuma

чуен саган

wok / kadai

вок

kaango

таба

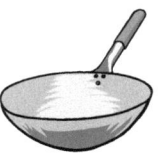

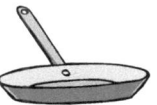

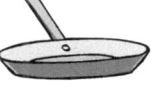

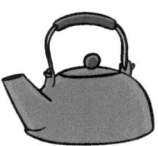

birika

чәйгүн

stima

булы пешергеч

sinia ya kuoka

калай

vyombo vya udongo

савыт-саба

kombe

тәгәч

bakuli

касә

vijiti vya kulia

ашау таякчыклары

ukawa

ужау

mwiko mpana

спатула

burashi

туглагыч

kichujio

сөзгеч

chujio

иләк

mbuzi

кыргыч

chokaa

киле

barbeque

барбекю

moto wazi

ачык учак

ubao wa majaribio

такта

kijiti cha kusukuma unga

уклау

kizibuo

бөке суыргыч

kopo

металл тартма

inaweza kopo

кәнсир ачкыч

kishikio cha chungu

мич бияләе

karo

киршән

brashi

фырча

sifongo

болыт

kisagaji matunda

блендер

friji ya kina

тирән туңдыргыч

chupa ya mtoto

имезлекле шешә

bomba

чөмәк

bafu

юыну бүлмәсе

joto
жылыту
mfereji wa kuogea
душ
taulo
сөлге
pazia la kuogea
душ пәрдәсе
maji ya kuoga yenye povu
күбекле ванна
hodhi
ванна
glasi
тустаган
mashine ya kuosha
кер югыч
bomba
чүмәк
vigae
фаянс
poti
лаземлек
karo
киршән

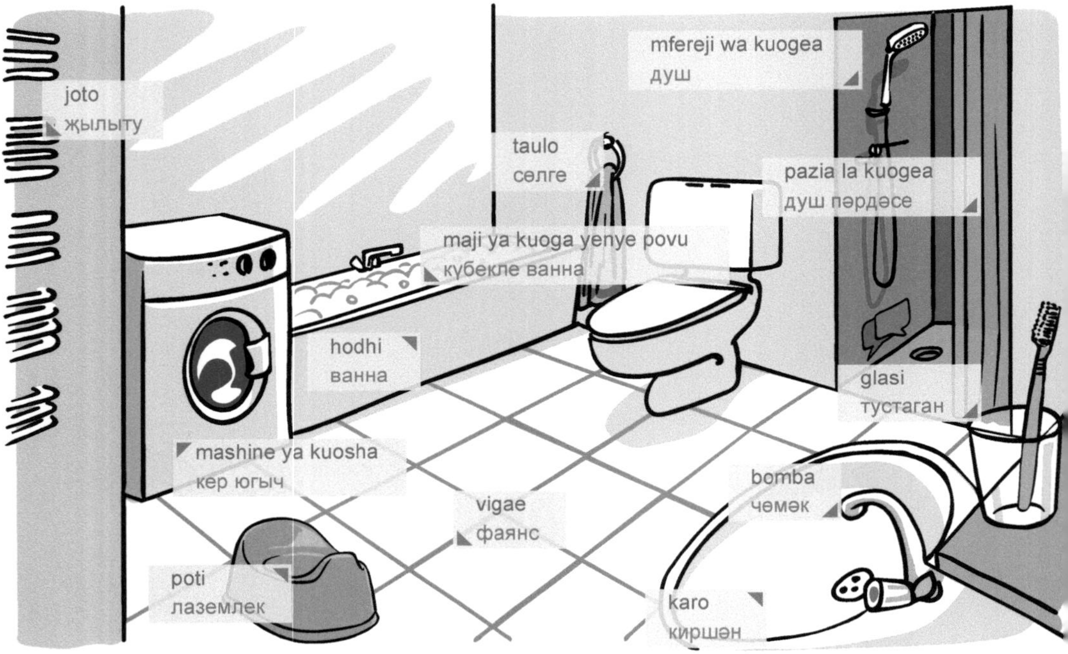

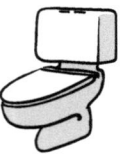

choo

бәдрәф

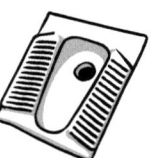

choo cha squat

төрекчә бәдрәф

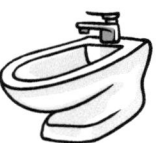

beseni la mviringo

биде

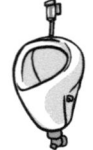

choo cha umma

писсуар

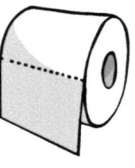

shashi

бәдрәф кәгазе

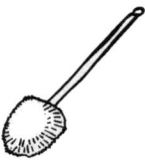

brashi ya choo

бәдрәф фырчасы

mswaki

теш фырчасы

dawa ya meno

теш мәгъжүне

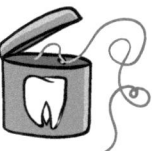

dawa ya meno

теш җебе

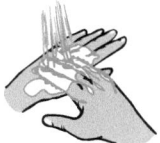

safisha

юарга

kuoga mkono

душ башлыгы

msukumo wa maji

душ

bonde

киршән

mpako wa pili

арка фырчасы

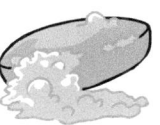

sabuni

сабын

jeli ya kuogea

душ сеңәле

shampuu

шампунь

flana

мунчала

toa maji

агым

krimu

крем

kiondoa harufu

дезодорант

bafu - юыну бүлмәсе

kioo

көзге

kioo mkono

кул көзгесе

kinyozi

өстәрә

povu la kunyoa

кырыну күбеге

baada ya kunyoa

кырыну лосьоны

kichana

тарак

brashi

щётка

kikausha nywele

фен

marashi ya nyewele

чәч спрее

vipodozi

макияж

kidomwa

ирен иннеге

varnish ya msumari

тырнак җәләсе

pamba

мамык

mkasi wa kucha

тырнак кайчысы

manukato

хушбуй

mkoba wa kuosha

макияж букчасы

kinyesi

утыргыч

mizani

үлчәү

nguo ya kuoga

чоба

glavu za mpira

резин иләсә

kisodo

тампон

sodo

hигиеник пәд

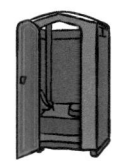

kemikali choo

химияви Ɛәдрәф

chumba ya mtoto

бала бүлмәсе

saa ya kengele
уяткыч сәгать
kidoli cha kupakata
йомшак уенчык
gari bandia
уенчык машина
kelele
шалтыравык
chumba cha midoli
курчак йорты
sasa
бүләк

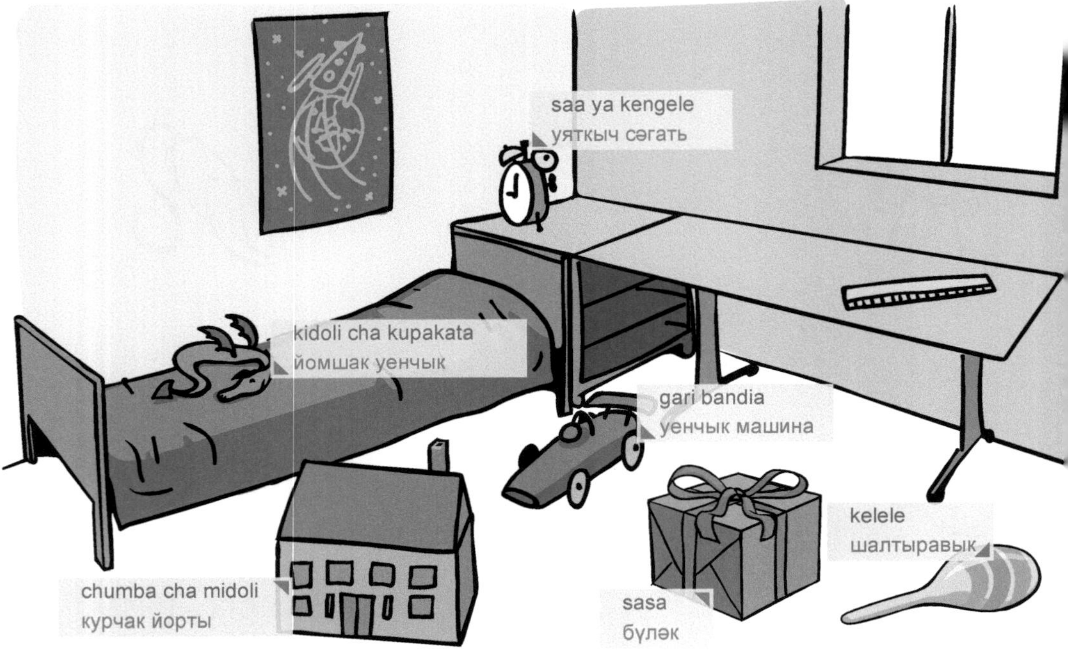

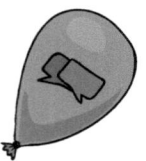

baluni

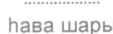

һава шары

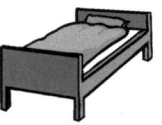

kitanda

ятак

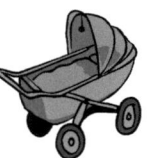

mashua

бәби арбасы

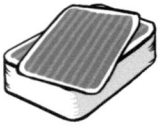

staha ya kadi

кәрт дәстәсе

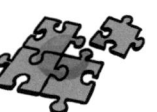

mchezo-fumb

пазл

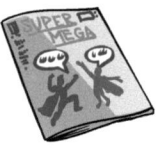

vichekesho

комикс

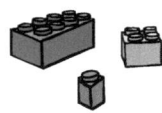

matofali lego

лего кирпечләре

vitalu mwigo

шакмаклар

hatua takwimu

уен сынчыгы

suti ya kulalia

зыбын

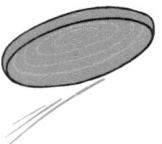

kisahani

фрисби

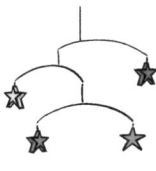

simu

мобиль

ubao wa michezo

өстәл уены

kᴇte

уен ташы

garimoshi mwigo

поезд моделе җыелмасы

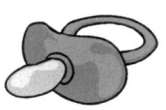

dummy

имезлек

chama

кичә

picha kitabu

рәсемле китап

mpira

туп

kikaragosi

курчак

kucheza

уйнарга

shimo la mchanga

комлык

bembea

таган

vitu bandia

уенчыклар

kiweko cha video ya mchezo

уен кушмасы

baiskeli ya magurudumu

өч көпчәкле сәпид

matatu

mwanasesere

уенчык аю

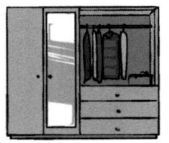

kabati

кием дулабы

nguo

кием

soksi

оекбаш

stokingi

оек

kibano

оегыштан

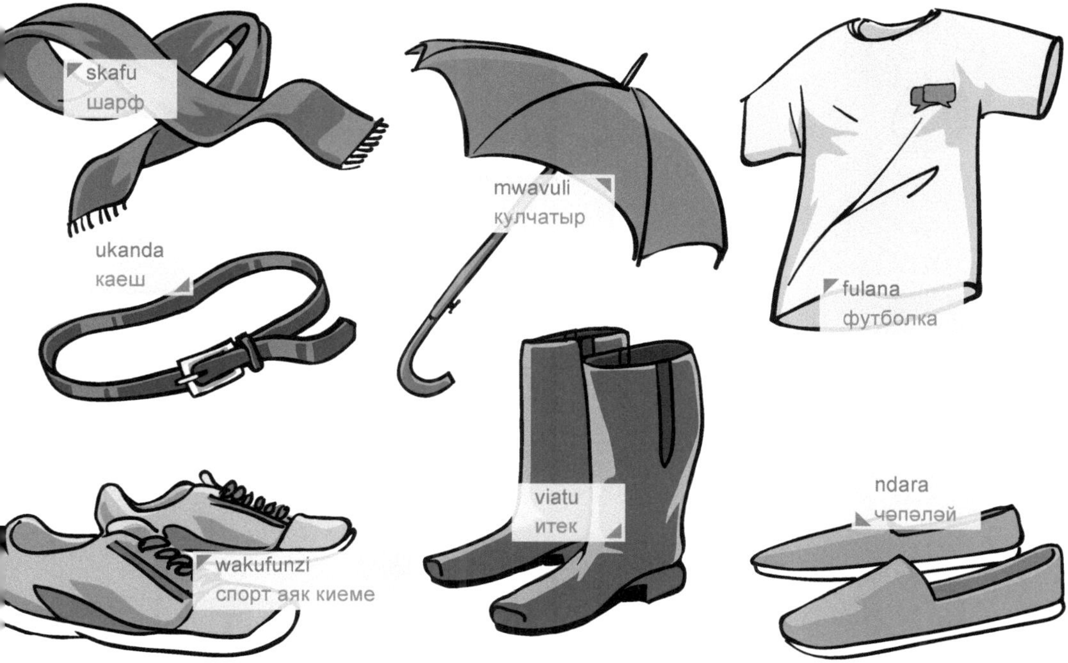

skafu
шарф

ukanda
каеш

mwavuli
кулчатыр

fulana
футболка

wakufunzi
спорт аяк киеме

viatu
итек

ndara
чөпөләй

malapa

сандаллар

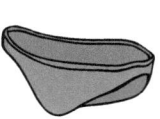

viatu

аяк киеме

mabuti ya mpira

резин итек

suruali ya ndani

тәнбан

sidiria

түшти

fulana

җәләк

mwili

боди

suruali

чалбар

dangirizi

джинс

sketi

итәк

blauzi

блузка

shati

күлмәк

vuta

свитер

sweta

худи

bleza

блейзер

jaketi

жакет

koti

бишмәт

koti la mvua

яңгырлык

maleba

кәчтүм

gauni

күлмәк

mavazi ya harusi

туй күлмәге

suti

такым кием

vazi la usiku

тәнге күлмәк

pajama

пижама

sari

сари

skəfu

яулык

kilemba

чалма

burka

бурка

kaftan

чапан

abaya

абая

vazi la kuogelea

коену киеме

vazi la kiumɛ la kuogelea

йөзү тɛнбаны

kaptura

шорт

teitei

спорт киеме

aproni

алъяпкыч

glavu

иләсә

kifungo

төймә

glasi

күзлек

bangili

беләзек

mkufu

муенса

pete

балдак

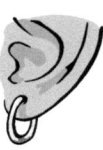

herini

алка

kofia

кәпәч

kiango cha koti

элгеч

kofia

эшләпә

tai

галстук

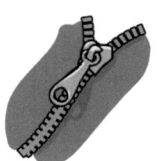

zipu

зынҗыр

kofia

очлам

kanda za suruali

чалбар асмасы

sare za shule

мәктәп формасы

sare

форма

bibu
....
балалар күкрәкчәсе

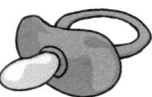

dummy
....
имезлек

nepi
....
күзәлә

ofisi
офис

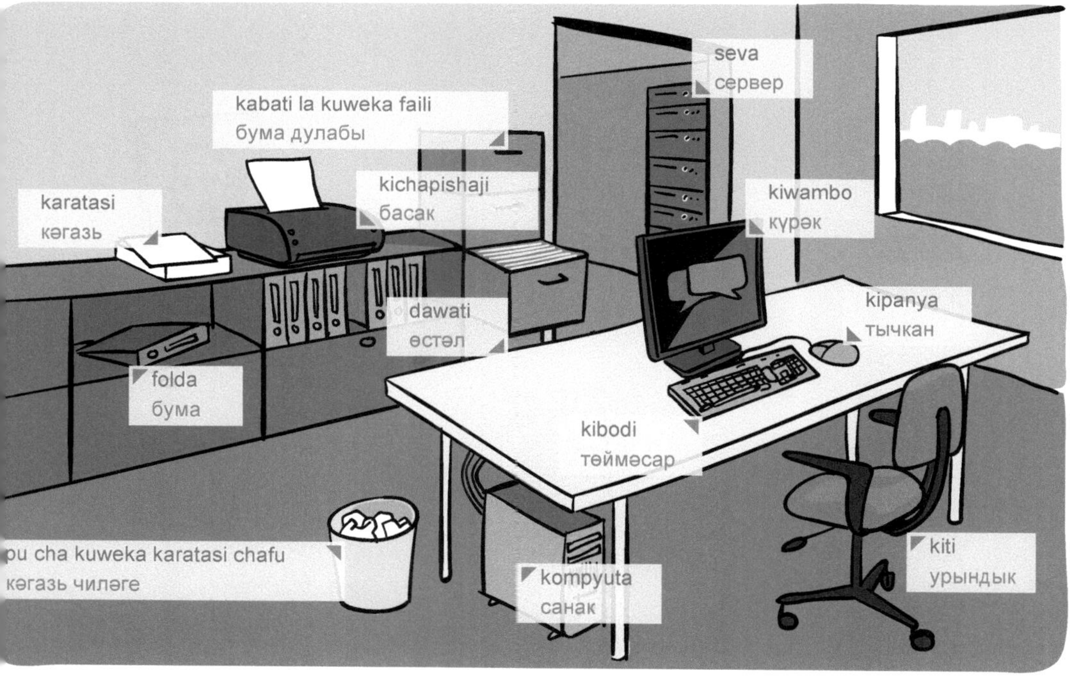

seva
сервер

kabati la kuweka faili
бума дулабы

kichapishaji
басак

kiwambo
күрәк

karatasi
кәгазь

kipanya
тычкан

dawati
өстәл

folda
бума

kibodi
төймәсар

pu cha kuweka karatasi chafu
кәгазь чиләге

kiti
урындык

kompyuta
санак

kmobe la kahawa
....
каһвә тәгәче

kikokotoo
....
сансаңар

biashara
....
интернет

mbali

ләптоп

barua

хат

ujumbe

хәбәр

rununu

кесә телефоны

intaneti

челтәр

fotokopia

фотокопияче

programu

програм тәэминаты

simu

телефон

soketi

аергыч

kipepesi

факс

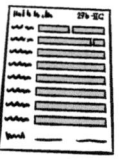

fomu

форм

hati

документ

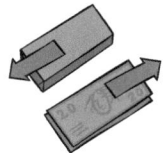

kununua

сатып алырга

kulipa

түләргә

biashara

сәүдә итәргә

fedha

акча

USD

dola

доллар

EUR

yuro

евро

JPY

yeni

иена

RUB

rouble

сум

CHF

faranga ya Uswisi

франк

CNY

renminbi yuan

юан

INR

rupia

рупи

eneo la kulipia

банкомат

ofisi ya ubadilishanaji

валюта бюросы

dhahabu

алтын

fedha

көмеш

mafuta

карамай

nishati

энергия

bei

бәя

mkataba

контракт

kodi

салым

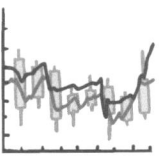

bidhaa

сток

kazi

эшләргә

mfanyakazi

эшче

mwajiri

эш бирүче

kiwanda

фабрика

duka

кибет

kazi
һөнәрләр

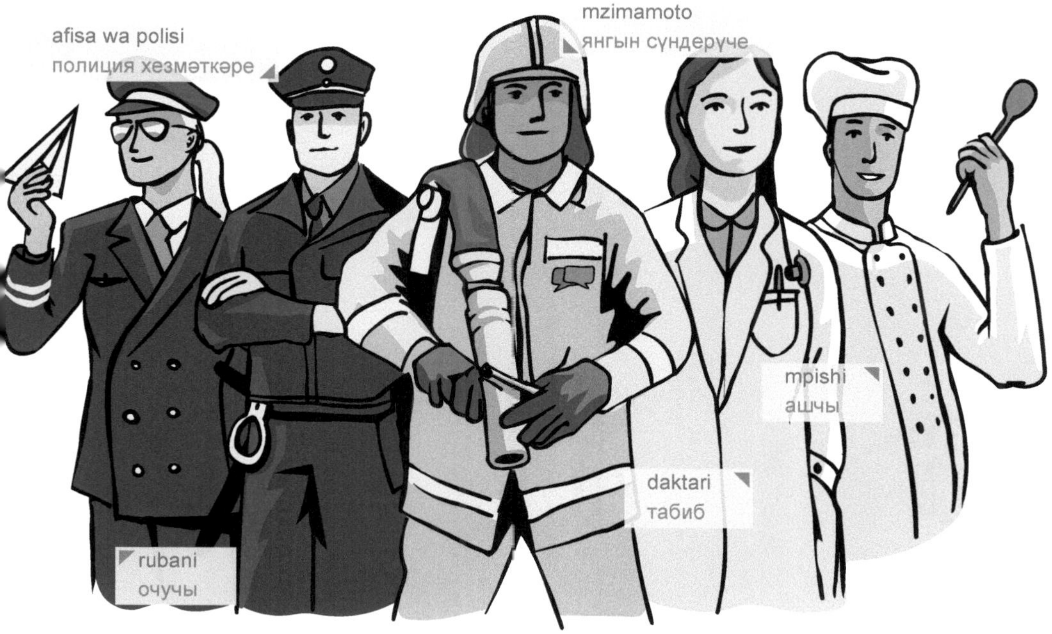
afisa wa polisi
полиция хезмәткәре
mzimamoto
янгын сүндерүче
mpishi
ашчы
daktari
табиб
rubani
очучы

mtunza bustani
бакчачы

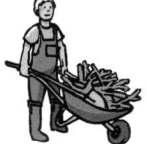

seremala
агач остасы

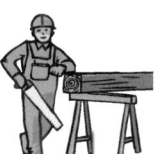

mshonaji
тегүче

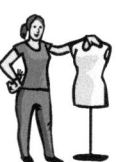

hakimu
хөкемче

mwanakemia
химиячe

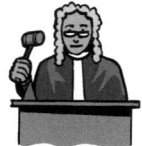

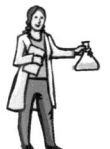

muigizaji
актер

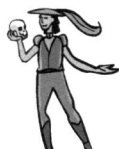

dereva wa basi

автобус йөртүче

dereva wa teksi

таксиче

mvuvi

балыкчы

mwanamke wa kusafisha

җыештыручы хатын

mwezekaji

түбә ябучы

mhudumu

табынчы

mwindaji

аучы

mchoraji

рәссам

mwokaji

икмәкче

umeme

электрчы

mjenzi

төзүче

mhandisi

мөһәндис

mchinjaji

итче

fundi bomba

чөмәкче

mwanaposta

ямылчы

mwanajeshi

гаскәри

msanifu majengo

мигъмар

keshia

кассир

muuza maua

чәчәкче

msusi

чәчтараш

kondakta

кондуктор

mekanika

механик

nahodha

капитан

daktari wa meno

теш табибы

mwanasayansi

галим

rabbi

раввин

imamu

имам

mtawa

кәшиш

kasisi

рухани

zana
алəтләр

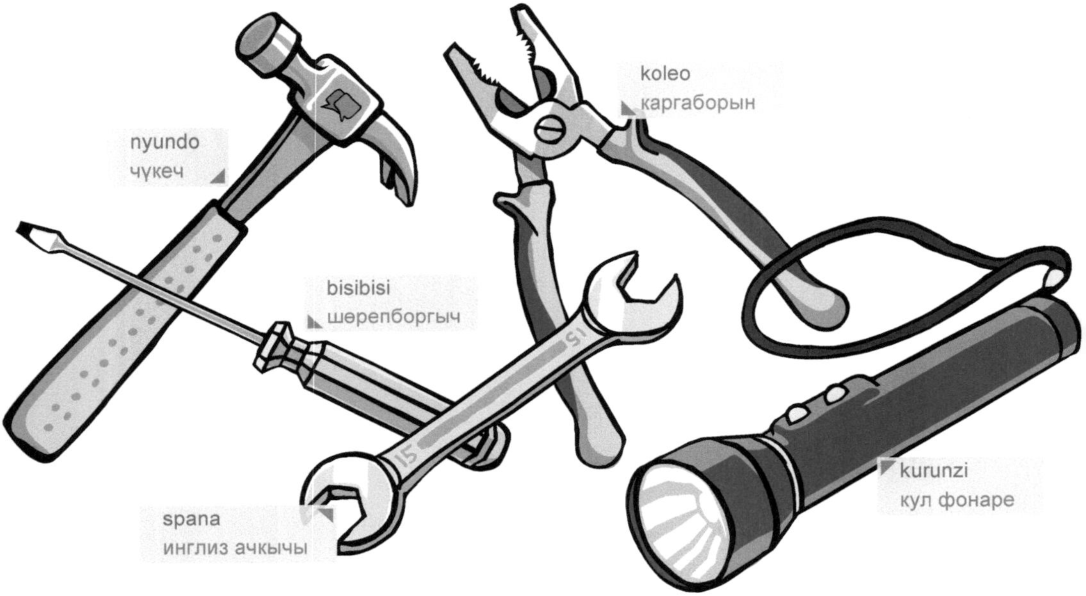

nyundo
чүкеч
koleo
каргаборын
bisibisi
шөрепборгыч
spana
инглиз ачкычы
kurunzi
кул фонаре

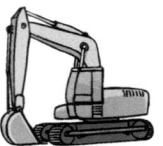

mchimbaji

казу машинасы

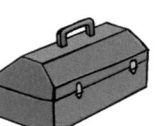

sanduku la vifaa

алəт букчасы

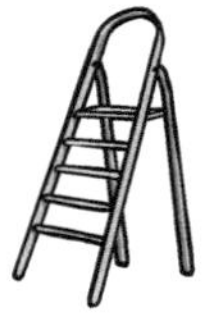

ngazi

баскыч

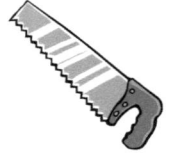

msumeno

пычкы

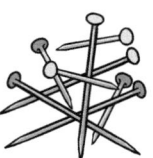

misumari

кадаклар

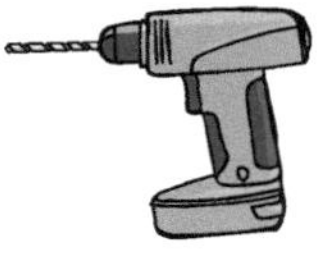

kuchimba visima

дрель

kukarabati

тӨзӨтергӘ

sepɛtu

кӨрӘк

Lo!

Шайтан алгыры!

kishikio cha uchafu

соскы

chungu cha rangi

буяу сазыты

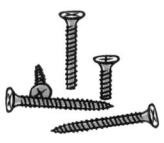

skurubu

мыклар

ala za muziki

музыка алӘтлӘре

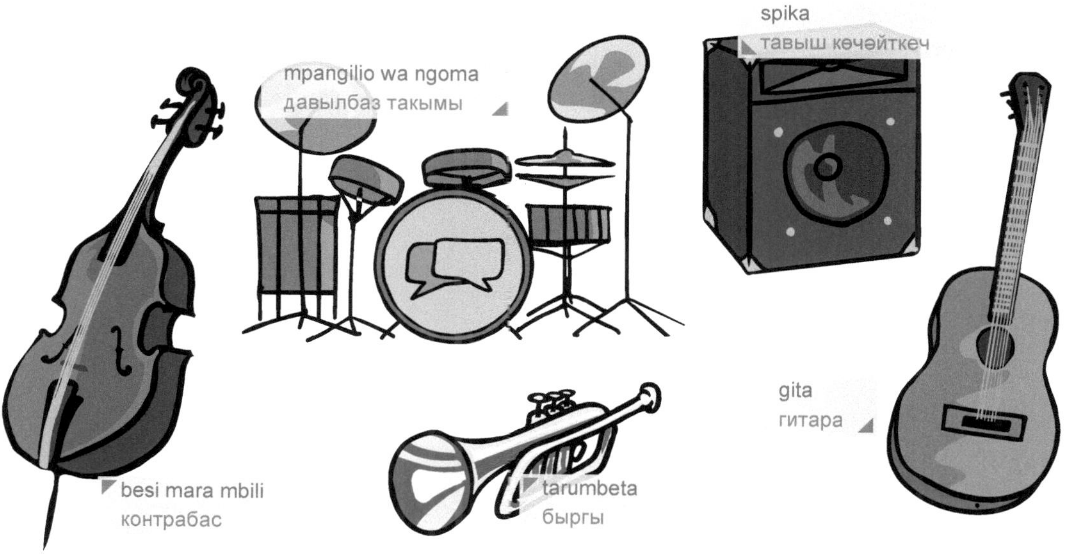

mpangilio wa ngoma
давылбаз такымы

spika
тавыш кӨчӘйткеч

gita
гитара

besi mara mbili
контрабас

tarumbeta
быргы

piano

пианино

fidla

кәман

ubeji

бас-гитара

timpani

тимпани

ngoma

давылбаз

kibodi

төймәсар

saksafoni

саксофон

filimbi

флейта

maikrofoni

микрофон

bustani ya wanyama
хайван бакчасы

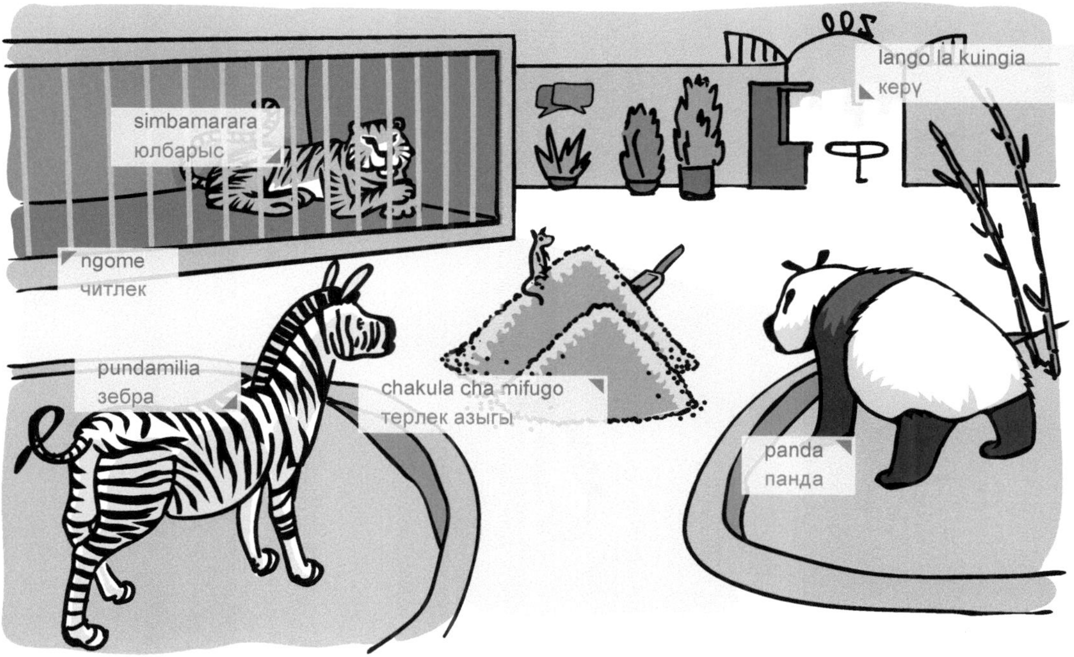

lango la kuingia
керу
simbamarara
юлбарыс
ngome
читлек
pundamilia
зебра
chakula cha mifugo
терлек азыгы
panda
панда

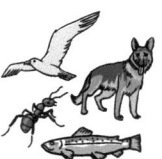

wanyama
хайваннар

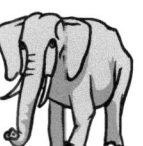

tembo
фил

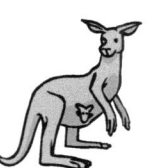

kangaruu
кенгерә

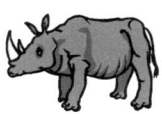

kifaru
кәркәдән

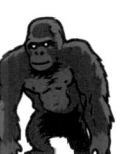

sokwe
горилла

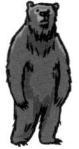

dubu
аю

ngamia

дөя

mbuni

тәвә кошы

simba

арыслан

tumbili

маймыл

heroe

фламинго

kasuku

тутый кош

dubu

ак аю

penguini

пингвин

papa

күпек балыгы

tausi

тавис

nyoka

елан

mamba

тимсах

mtunza wanyama

хайван бакчасы
хезмәткәре

muhuri

су эте

jaguar

ягуар

mwanafarasi

пони

chⳑi

каплэн

kiboko

су айгыры

twiga

зөрәфә

tai

бөркэт

nguruwe mwitu

кабан дуңгызы

samaki

балык

kobe

ташбака

sili

морж

mbweha

төлке

paa

газәп

soka ya marekani
Америка футболы

uendeshaji baiskeli
сәпид

tenisi
теннис

mpira wa kikapu
баскетбол

kuogelea
йөзү

ndondi
бокс

magongo ya barafuni
хоккей

soka

футбол

vinyoya

бадминтон

riadha

атлетика

mpira wa mikono

гандбол

skii

чаңгы

polo

поло

shughuli
иткенлекләр

cheka
көләргә
kuruka
сикерергә
kumbatia
кочакларга
kutembea
йөрергә
kuimba
җырларга
ota ndoto
хыялланырга
kuomba
гыйбадәт кылырга
busu
үбәргә

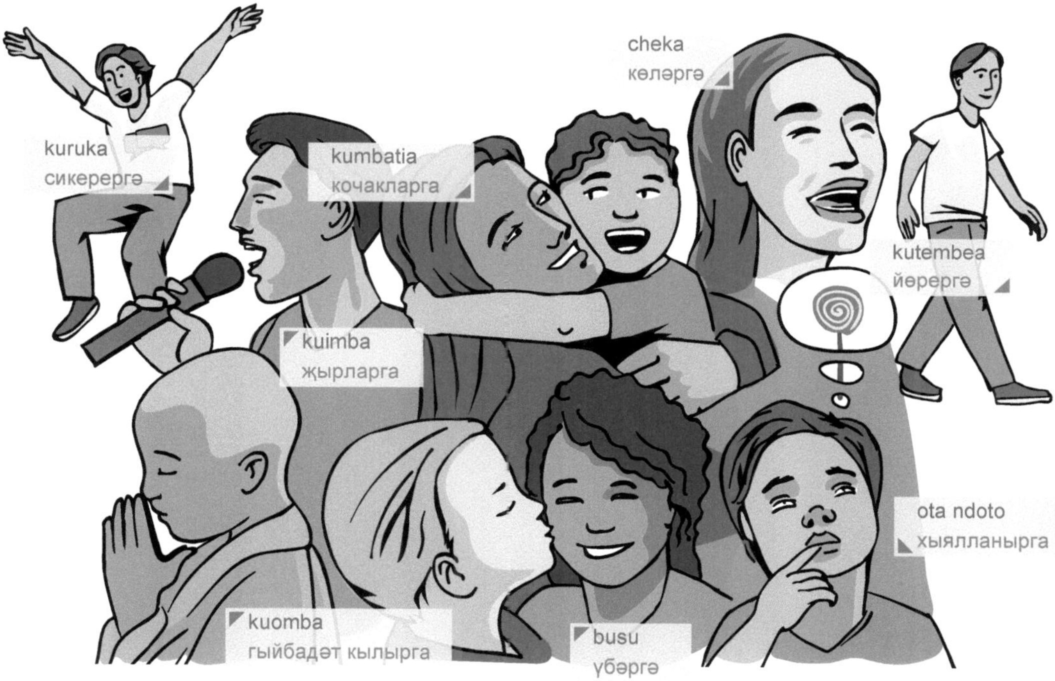

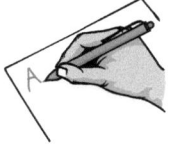

kuandika

язарга

kuteka

рәсем ясарга

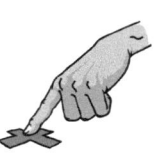

angalia

күрсәтергә

sukuma

этәргә

kutoa

бирергә

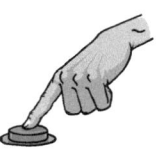

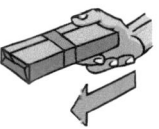

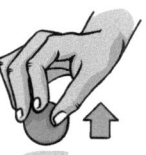

kuchukua

алырга

kuwa

ия булырга

fanya

эшләргә

kuwa

булырга

kusimama

басып торырга

kukimbia

йөгерергә

vuta

тартырга

kutupa

ташларга

kuanguka

егылырга

hadaa

ятарга

kusubiri

көтәргә

kubeba

ташырга

kukaa

утырырга

vaa nguo

киенергә

usingizi

йокларга

kuamka

уянырга

kuangalia

карарга

lia

еларга

kiharusi

сыйпарга

chana nywele

тарарга

ongea

сөйләшергә

kuelewa

аңларга

kuuliza

сорарга

kusikiliza

тыңларга

kunywa

эчәргә

kula

ашарга

nadhifisha

җыештырынырга

upendo

сөяргә

mpishi

пешерергә

gari

сөрергә

kuruka

очарга

meli

диңгезгә ачылу

kokotoa

исәпләү

kusoma

укырга

kujifunza

өйрәнергә

kazi

эшләргә

kuoa

өйләнергә

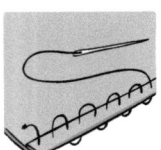

kushona

тегәргә

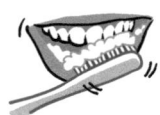

piga mswaki

теш фырчаларга

kuua

үтерергә

moshi

тәмәке тартырга

kutuma

җибәрергә

familia

гаилә

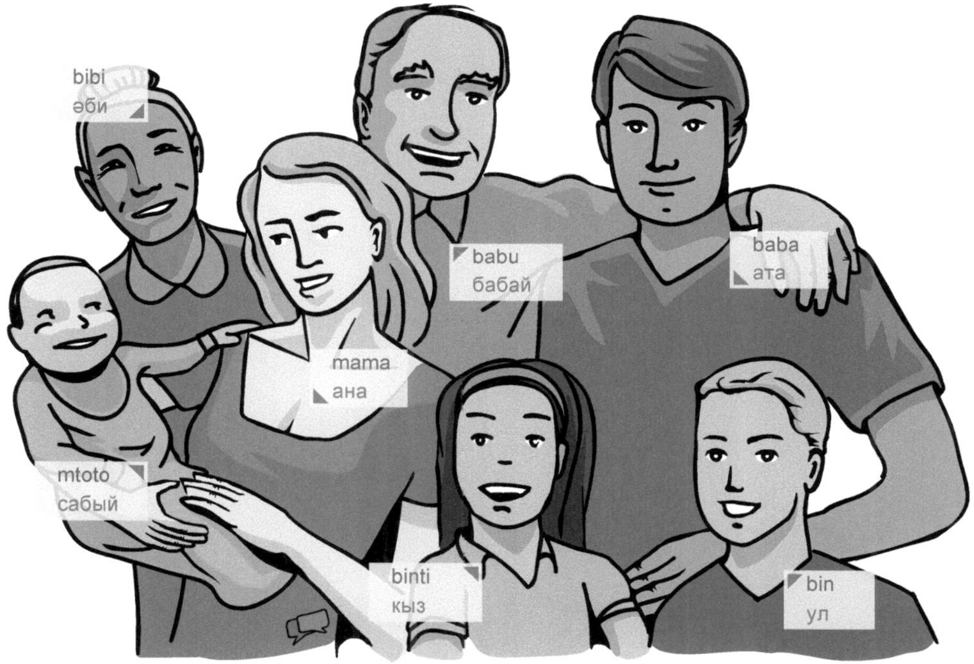
bibi
әби
babu
бабай
baba
ата
mama
ана
mtoto
сабый
binti
кыз
bin
ул

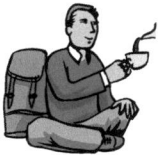

mgeni

кунак

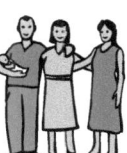

shangazi

апа

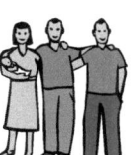

mjomba

абый

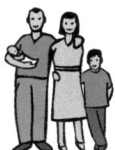

kaka

абый / эне

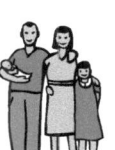

dada

апа / сеңел

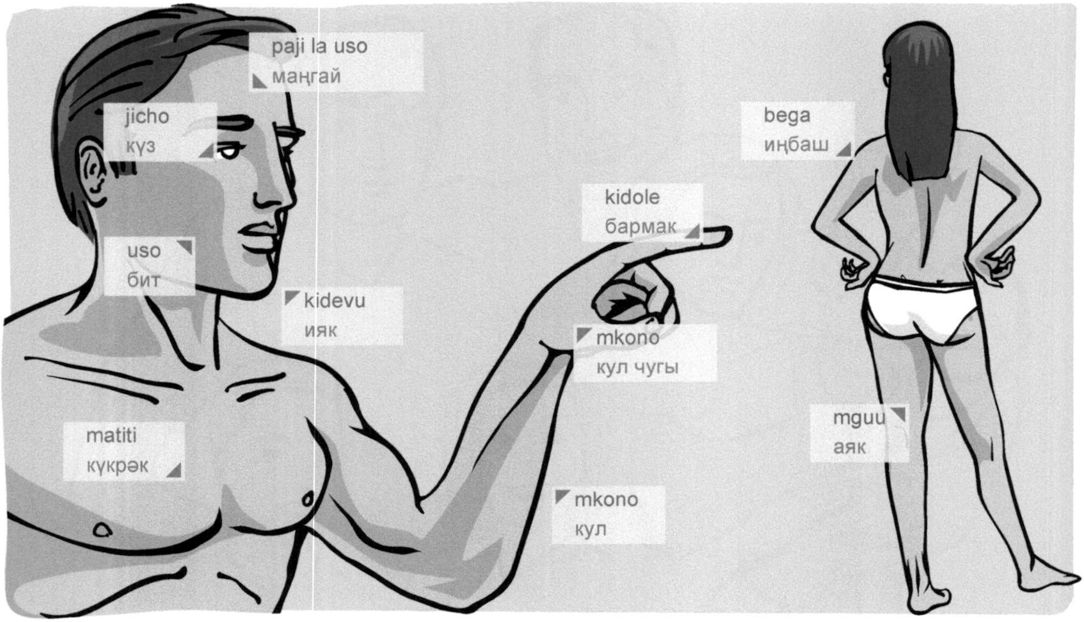

paji la uso
маңгай

jicho
күз

bega
иңбаш

kidole
бармак

uso
бит

kidevu
ияк

mkono
кул чугы

matiti
күкрәк

mguu
аяк

mkono
кул

mtoto

сабый

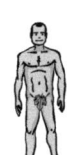

mwanamume

ир

mwanamke

хатын

msichana

кыз

mvulana

малай

kichwa

баш

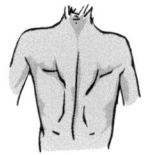

nyuma

арка

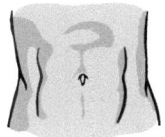

tumɔo

эч

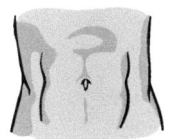

kitovu

кендек

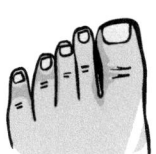

chano

аяк бармагы

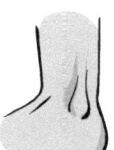

kisigino

үкчэ

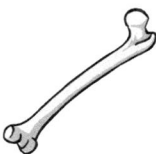

mfupa

сөяк

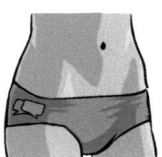

nyonga

бот

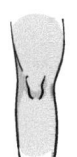

got

тез

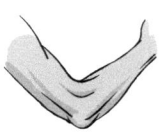

kiwiko

терсәк

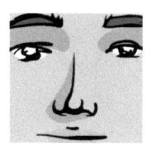

pua

борын

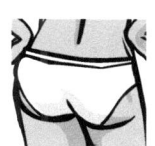

chini

арт сан

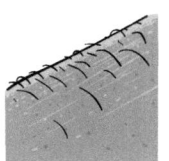

ngozi

тире

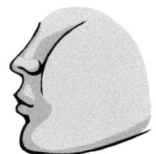

shavu

яңак

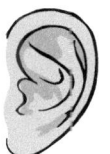

sikio

колак

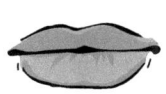

mdomo

ирен

kinywa

авыз

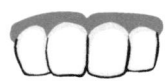

jino

теш

ulimi

тел

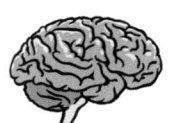

ubongo

ми

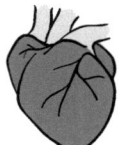

moyo

йөрәк

misuli

газлә

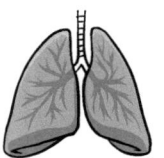

pafu

үпкә

ini

бавыр

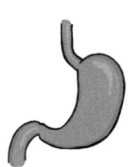

tumbo

ашказаны

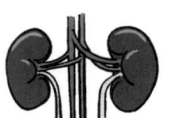

figo

бөерләр

jinsia

секс

kondomu

презерватив

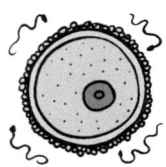

ovari

күкәй күзәнәк

shahawa

мәни

mimba

көмән

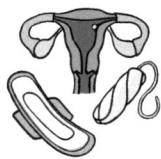

hedhi

күрем

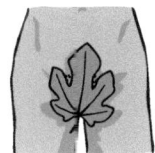

uke

вагина

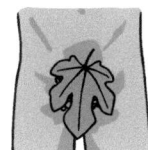

uume

пенис

unyusi

каш

nywele

чәᷱләр

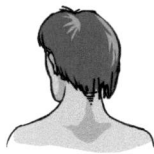

shingo

муен

hospitali
хастаханә

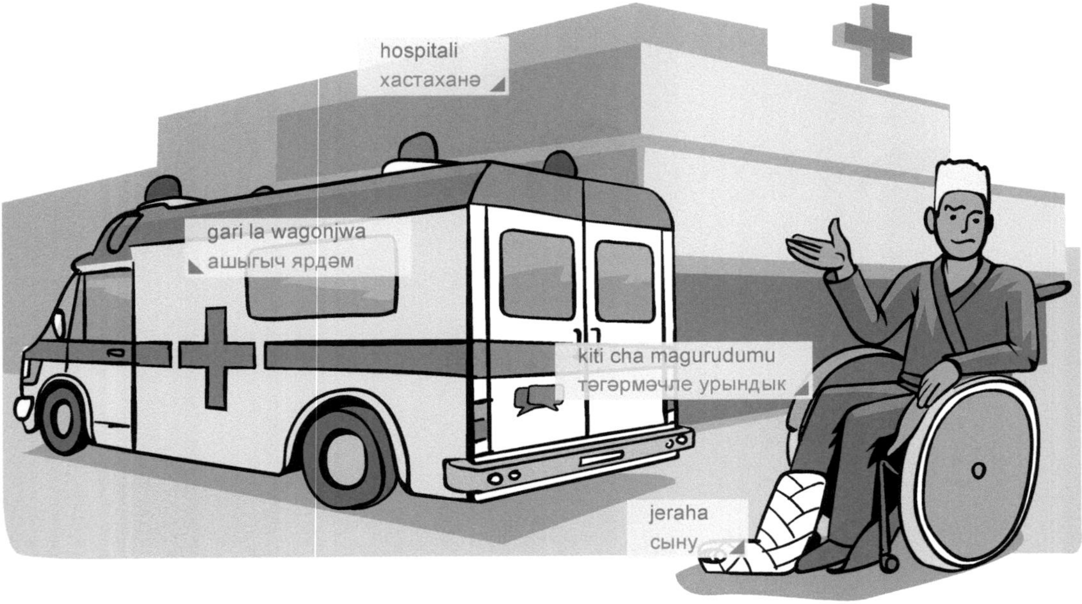

hospitali
хастаханә
gari la wagonjwa
ашыгыч ярдәм
kiti cha magurudumu
тәгәрмәчле урындык
jeraha
сыну

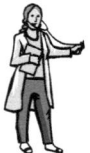

daktari

табиб

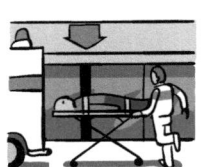

chumba cha dharura

ашыгыч ярдәм бүлмәсе

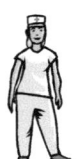

muuguzi

шәфкать туташы

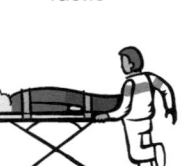

dharura

кичектергесез хәл

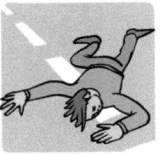

kupoteza fahamu

аңсыз

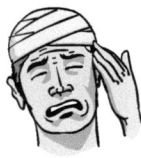

maumivu

авырту

kuumia

жәрәхәтләнү

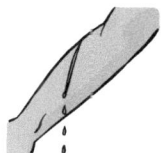

kutokwa ra damu

кан агу

mshtuko wa moyo

инфаркт

kiharusi

инсульт

mziɔ

аллергия

kikohozi

ютәл

homa

кызу

mafLa

грипп

kuharisha

эч киту

maumivu ya kichwa

баш авырту

kansa

яман шеш

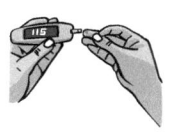

ugonjwa wa kisukari

диабет

daktari mpasuaji

хирург

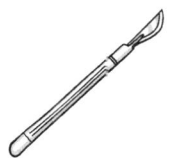

kisu kidogo cha kupasulia

скальпель

operesheni

гамәлият

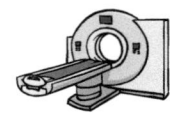

picha changanufu ya mwili

CT

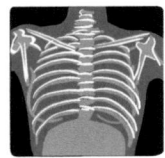

Eksrei

рентген

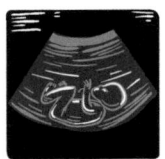

mawimbi sauti

ультратавыш

barakoa ya uso

битлек

ugonjwa

авыру

chumba cha kusubiri

көтү бүлмәсе

mkongojo

култык таягы

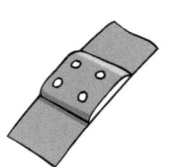

plasta

пластырь

bendeji

бәйләвеч

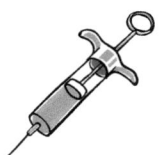

sindano

кадау

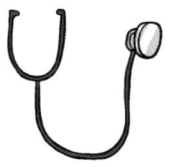

stetoskopu

стетоскоп

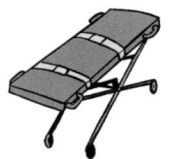

machela

сәдия

kipimajoto cha kliniki

клиник термометр

kuzaliwa

туу

unene kupita kiasi

артык авырлык

hospitali - хастаханә

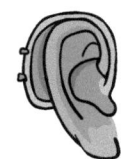

kusikia misaada

ишетү җиһазы

kipukusi

дезинфектант

maambukizi

йогыш

virusi

вирус

VVU / UKIMWI

КИВ / БИДС

dawa

дару

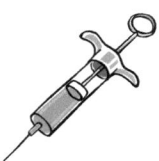

chanjo

вакциналану

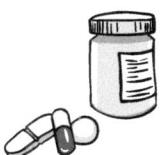

vidcnge

таблетлар

kidonge

контрацептив таблет

simu ya dharura

ашыгыч чакыру

haemodainamometa

кан басымы үлчәгече

mgonjwa / mwenye afya

авыру / сәламәт

Msaada!

Коткарыгыз!

kengele

хәвеф тавышы

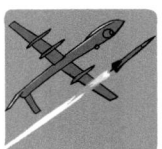

pigo

һөҗүм

shambulizi

һөҗүм

hatari

куркыныч

lango la dharura

ашыгыч чыгу

Moto!

Янгын!

kizima moto

ут сүндергеч

ajali

каза

vifaa vya huduma ya
kwanza

беренче ярдәм букчасы

wito wa msaada

SOS

polisi

полиция

Ulaya

Аурупа

Amerika ya Kaskazini

Төньяк Америка

Amerika ya Kusini

Көньяк Америка

Afrika

Африка

Asia

Азия

Australia

Австралия

Atlantiki

Атлантик океан

Pasifiki

Тын океан

Bahari ya Hindi

Һинд океаны

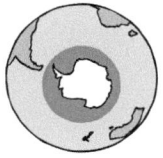

Bahari ya Antaktiki

Антарктик океан

Bahari ya Aktiki

Арктик океан

Ncha ya Kaskazini

Төньяк котып

Ncha ya Kusini

Көньяк котып

Antaktika

Антарктика

dunia

Җир

nchi

коры җир

bahari

диңгез

kisiwa

утрау

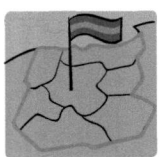

taifa

милләт

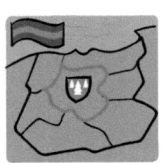

jimbo

дәүләт

uso wa saa

сәгать бите

akrabu ya saa

сәгать угы

akrabu ya dakika

минут угы

akrabu ya sekunde

секунд угы

Ni saa ngapi?

Сәгать ничә?

siku

көн

wakati

вакыт

sasa

хәзер

saa ya dijitali

дижитал сәгать

dakika

минут

saa

сәгать

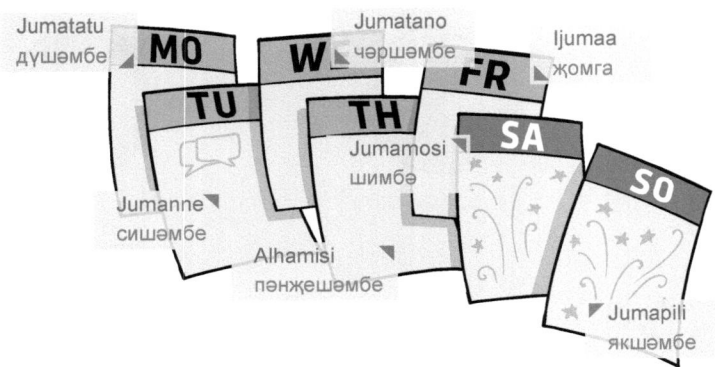

Jumatatu дүшәмбе
Jumatano чәршәмбе
Ijumaa җомга
Jumanne сишәмбе
Jumamosi шимбә
Alhamisi пәнҗешәмбе
Jumapili якшәмбе

jana

кичә

leo

бүген

kesho

иртәгә

asubuhi

иртә

saa sita mchana

төш

jioni

кич

siku za biashara

эш көннәре

mwishoni mwa wiki

ял көннәре

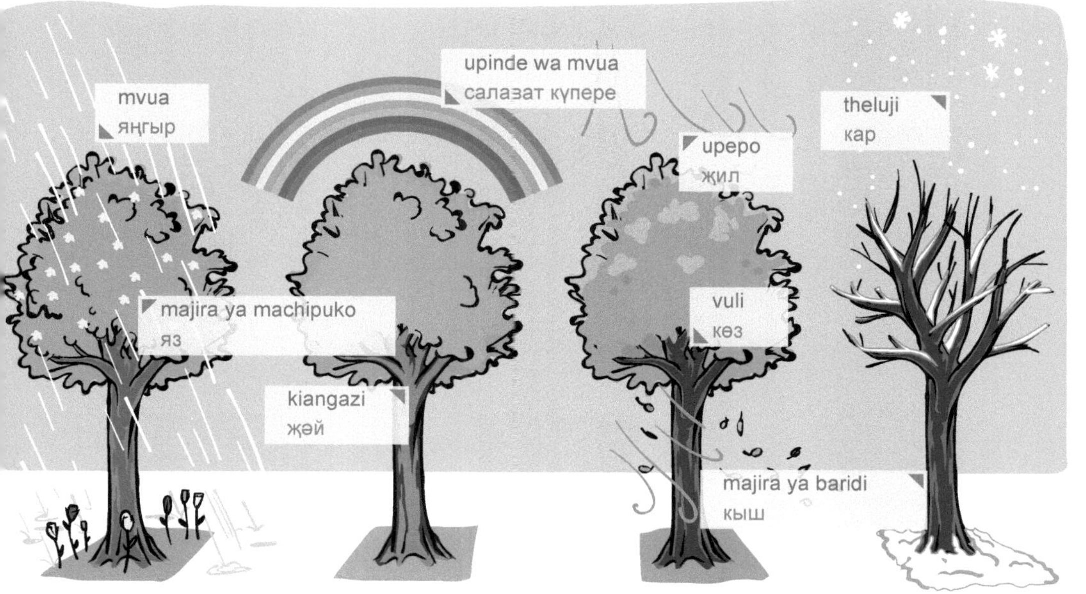

mvua
яңгыр

upinde wa mvua
салазат күпере

theluji
кар

upepo
җил

majira ya machipuko
яз

vuli
көз

kiangazi
җәй

majira ya baridi
кыш

4.APRIL	11°	☀
5.APRIL	4°	🌧
6.APRIL	13°	⛅
7.APRIL	8°	❄
8.APRIL	10°	☀

utabiri wa hali ya hewa

hава торышы

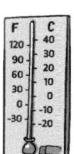

kipimajɔto

термометр

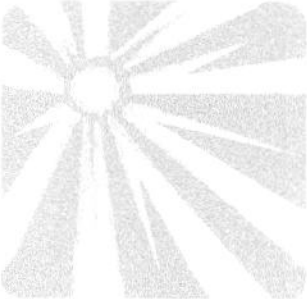

mwanga wa jua

кояш яктысы

wingu

болыт

ukungu

томан

unyevu

дымлылык

umeme

яшен

radi

күк күкрәү

dhoruba

давыл

mvua ya mawe

боз

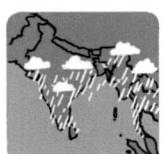

monsuni

муссон

mafuriko

су басу

barafu

боз

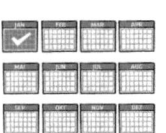

Januari

гыйнвар

Februari

февраль

Machi

март

Aprili

апрель

Mei

май

Juni

июнь

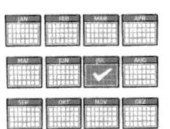

Julai

июль

Agosti

август

Septemba

сентябрь

Oktoba

октябрь

Novemba

ноябрь

Desemba

декабрь

mduara

түгәрәк

mraba

дүрткел

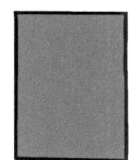

mstatili

турыпочмак

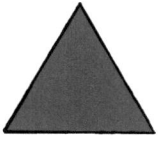

pembetatu

өчпочмак

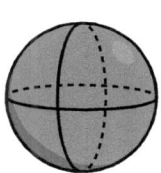

nyanja

шар

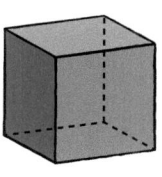

mchemraba

куб

nyeupe

ак

manjano

сары

chungwa

кызгылт сары

rangi ya waridi

ал

nyekundu

кызыл

hudhurungi

шәмәхә

bluu

зәңгәр

kijani

яшел

hanja

көрән

jivujivu

соры

nyeusi

кара

mengi / kidogo

күп / аз

hasira / pole

усал / тыныч

nzuri / mbaya

матур / ямьсез

mwanzo / mwisho

баш / ахыр

kubwa / ndogo

зур / кечкенә

angavu / giza

якты / караңгы

kaka / dada

абый, эне / апа, сеңел

safi / chafu

таза / пычрак

kamilika / tokamilika

тәмам / тәмамланмаган

siku / usiku

көн / төн

wafu / hai

үле / тере

pana / nyembamba

киң / тар

kulika / kutolika

ашарга яраклы / ашарга яраксыз

ovu / ema

яман / яхшы

sisimkwa / udhika

дулкынланган / ялыккан

nene / nyembamba

юан / ябык

kwanza / mwisho

беренче / соңгы

rafiki / adui

дус / дошман

jaa / tupu

тулы / буш

ngumu / laini

каты / йомшак

nzito / nyepesi

авыр / җиңел

njaa / kiu

ачлык / сусау

mgonjwa / mwenye afya

авыру / сәламәт

haramu / kisheria

канунсыз / канунлы

akili / kijinga

акыллы / акылсыз

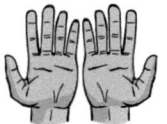

kushoto / kulia

сул / уң

karibu / mbali

якын / ерак

mpya / kutumika

яңа / кулланылган

kitu / jambo

һичнәрсә / нәрсәдер

zee / changa

өлкән / яшь

waka / zima

кабыздырылган / сүндерелгән

wazi / fungwa

ачык / ябык

utulivu / kelele

тавышсыз / гөрелтеле

tajiri / masikini

бай / ярлы

sahihi / kosa

дөрес / ялгыш

mbaya / laini

кытыршы / шома

huzunika / furahia

күңелсез / күңелле

fupi /ndefu

кыска / озын

polepole / haraka

акрын / тиз

nyevu / kavu

дымлы / коры

joto / baridi

җылы / салкын

vita / amani

сугыш / тынычлык

kinyume - капма-каршылыклар

0

sufuri

сыфыр

1

moja

бер

2

mbili

ике

3

tatu

өч

4

nne

дүрт

5

tano

биш

6

sita

алты

7

saba

җиде

8

nane

сигез

9

tisa

тугыз

10

kumi

ун

11

kumi na moja

унбер

12

kumi na mbili

унике

13

kumi na tatu

унөч

14

kumi na nne

ундүрт

15

kumi na tano

унбиш

16

kumi na sita

уналты

17

kumi na saba

унҗиде

18

kumi na nane

унсигез

19

kumi na tisa

унтугыз

20

ishirini

егерме

100

mia

йөз

1.000

elfu

мең

1.000.000

milioni

миллион

Kiingereza

инглизчə

Kiingereza cha Marekani

Америка инглизчəсе

Kimandarini cha Uchina

Мандарин кытайчасы

Kihindi

һинди

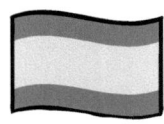

Kihispania

испанча

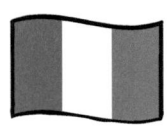

Kifaransa

французча

Kiarabu

гарəпчə

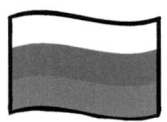

Kirusi

русча

Kireno

португалча

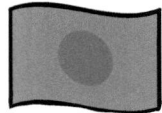

Kibengali

бенгали

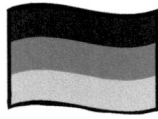

Kijerumani

алманча

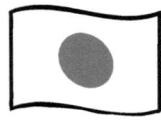

Kijapani

японча

mimi

мин

wɘwe

син

yeye / yeye / ni

ул / ул / ул

sisi

без

wewe

сез

wao

алар

nani?

кем?

niɲi?

нәрсә?

jinsi gani?

ничек?

wapi?

кайда?

liɾi?

кайчан?

jina

исем

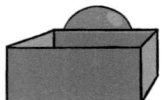

nyuma

артта

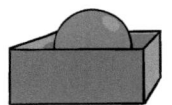

katika

эчендә

mbele ya

алда

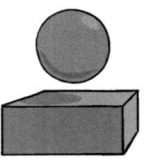

juu ya

өстендә

kwenye

өстенә

chini ya

астында

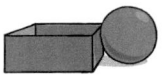

kando

янында

kati

арасында

mahali

урын